Tayala Léha

**Horrorszenario 3. Weltkrieg...
NÄHER ALS WIR GLAUBEN?!**

Tayala Léha

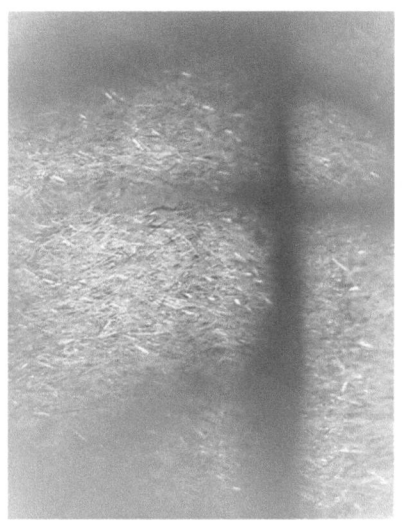

Horrorszenario 3. Weltkrieg...

NÄHER ALS WIR GLAUBEN?!

Bibliografische Information der Deutschen Nationalbibliothek:
Die Deutsche Nationalbibliothek verzeichnet diese Publikation
in der Deutschen Nationalbibliografie; detaillierte bibliografische
Daten sind im Internet über www.dnb.de abrufbar.

Herstellung und Verlag:
BoD – Books on Demand, Norderstedt

ISBN 978-3-7526-8745-3

INHALTSVERZEICHNIS

Vorwort

Ich bin Tayala Léha – Heilerin und Buchautorin, medial begabt von Geburt an.

ICH WILL WARNEN!

Im Frühling 2020 wurde ich zu der Prophezeiung des Alois Irlmaier gelotst. *Meine Visionen* decken sich mit einem Kriegsgeschehen, was schon seit vielen Jahrzehnten vorhergesagt wurde.

Ist es jetzt soweit?

Ukraine – Russland.
Russland – Ukraine.

Kriegerische Auseinandersetzungen – ganz nah.
Flüchtlingsströme. Keiner will´s glauben, aber doch ist es Realität.

Irlmaier sagte zu dem 3. Weltkrieg, der vor allem Deutschland schwer treffen soll: „Keiner will´s glauben." Vermutlich müssen auch hier erst die Panzer rollen, bevor die Menschen realisieren, dass Dinge geschehen können – entgegen ihrem Wollen und ihren Wünschen.

Hoffen wir, es kommt niemals dazu, dass Russland Westeuropa überfällt, aber... **ES STEHT GESCHRIEBEN!**

Ihre Tayala Léha.

Was sind die Vorzeichen für diesen Krieg?

Irlmaier: „Die Leute zahlen mit Pappdeckeln und sprechen mit kleinen schwarzen Kästchen, die ihnen auch Antwort geben.".

...Kreditkarte und Smartphone gab es 1959 noch nicht.

***

Die Linke (Partei) **hält** in Deutschland **einen Siegeszug** kurz vor dem Krieg, **regiert aber nicht lange...**

***

Ein **sehr milder Winter** und ein sehr **zeitiger und schöner Frühling** gehen dem Krieg voran.

***

Revolutionen auf den Straßen und die **schleichende Inflation**...

***

„Jeden Tag gibt's neue Gesetze...".

***

Die **globale Krise**, die dem Krieg unmittelbar vorangeht...

Was ist die Ursache des Krieges?

Ein Attentat!

Im Hochsommer eines Jahres X wird ein "Hochstehender" von zwei Attentätern, die fliehen können, mit einem Dolch ermordet. Möglicherweise geschieht dies auf einer Friedenskonferenz im Balkan.

Daraufhin überfällt der Russe über Nacht den Westen (Westeuropa), und kleine gelbe Menschen sollen zeitgleich in Kanada und in den USA einfallen (Militärbündnis Russland mit China?!!).

Zeitpunkt Kriegsbeginn

„Der Weizen wird noch eingebracht, aber **der Hafer schaffts nimmer.".** Die Haferernte ist meistens Mitte August!

***

In der Nacht von Freitag auf Samstag geht es los... - zwischen 0 und 2 Uhr. Es ist eine verregnete Nacht...

***

Ich "sah" den **13. August**. Ob das stimmt?
2022 ist der 13. August tatsächlich ein Samstag!!

***

Irlmaier sagte zu einer Frau: "Wenn das Attentat geschieht, hast du noch drei Tage Zeit, um über den Rhein zu kommen und linksrheinig an den Bodensee zu gelangen. Am vierten Tag ist es schon zu spät.".

Wenn der Krieg in einer Nacht von Freitag auf Samstag losgeht, müsste das Attentat dann vermutlich an einem Dienstag oder Mittwoch geschehen.

***

Ganz kurz vor unserem Krieg in Deutschland **soll die Türkei Griechenland überfallen.** Dort kommen sie aber gerade mal ca. 100 km weit, bis es bei uns losgeht...

<u>Kann ich mich vorbereiten?</u>

Einen **Fluchtrucksack** packen mit einem sehr guten Wasserfilter, wichtigen Dokumenten, Bargeld sowie einem kleinen Vorrat an Edelmetallen (Gold und Silber). Essensvorräte einpacken. Sturmfeuerzeug. Schlafsack bereitlegen und Isomatte. Bollerwagen mitnehmen oder Fahrrad. Autos sollen nach dem Krieg nicht mehr funktionieren.

***

Wer flieht, fliehe über Nebenstraßen westlich des Rheins oder südlich der Donau. Die Panzer überrollen auf den Autobahnen alles. Flieht rechtzeitig! Wenn die Russen in Deutschland sind, schaffen es nurmehr zwei Flüchtlingszüge über die Donau gen Süden. Der dritte schafft es nicht mehr.

Wie läuft der Krieg ab?

Zwischen Donau, Rhein und Elbe wird alles verwüstet!

***

Ab der Stadt **Prag nordwärts auf ca. 150 km Breite** regnet es auf einem breiten Streifen den Tod bis zur großen Bucht am Wasser, bis zu einer Hansestadt. Kurz nach Kriegsausbruch **werden vermutlich Drohnen Gift auf dieses Fleckchen Erde regnen lassen**. In einer Nacht wird es geschehen. Alle sterben sofort, *"selbst der Wurm 10 Meter tief unter der Erde."* so Irlmaier. Über ein Jahr wird dieses Gebiet nicht mehr zu betreten sein. Jeder der darauf geht, stirbt. Dieser gelbe Staub wird fallen gelassen, um den Russen den Nachschub abzuschneiden.

***

Von den Russen, die herüben sind, kommt keiner mehr heim.

Eine **Flutwelle** soll Nordfrankreich, Belgien, Holland, Dänemark, Norddeutschland bis Hannover und Berlin und das gesamte Rhein-Main-Gebiet in Deutschland überschwemmen.

England soll zur Hälfte ins Wasser hinabgerissen und gänzlich verwüstet werden.

Diese Flutwelle entsteht durch eine Bombe, die zwischen dem Festland und England von einem Flugzeug ins Wasser geworfen wird.

Generell gilt: **alle Küstenregionen bis auf ca. 300 Höhe über dem Meeresspiegel meiden!**

Gibt es Orte und Länder, wo man vor dem Krieg in Sicherheit ist?

Relativ sicher sei in Deutschland die Region **südlich der Donau und westlich des Rheins.**

Jedoch sind große Schlachten in Köln, Lyon und Straßburg vorhergesagt.

Über die Pyrenäen nach Spanien sollen die Russen nicht kommen. **Zentralspanien** wäre vermutlich eine gute Idee, ebenso **in Deutschland die Regionen um Berchtesgaden, Lindau am Bodensee und das Allgäu.** Bis auf bürgerkriegsähnliche Unruhen wäre es dort relativ erträglich.

Thailand soll nach inländischen, alten Prophezeiungen vom Krieg verschont bleiben...

Wann und wodurch endet der Krieg?

Eine sogenannte **"dreitägige Finsternis" soll das Kriegsgeschehen**, das ca. 3 Monate dauern soll, in einer sehr kalten Nacht **im Spätherbst beenden**. "Wenn es draußen donnert und grollt, dann verschließt Tür und Fenster **DICHT**. Klebt die Fenster mit **schwarzem Papier** zu und schaut nicht hinaus. Wer hinausschaut, stirbt.".

Lasst keinen herein. Draußen geht der Staubtod um. Irlmaier: *"Wer den Staub einatmet, der kriegt einen Krampf und stirbt.".*

Das alles dauert drei Tage und drei Nächte. Es wird Finsternis herrschen. Der Strom hört auf. Zünde eine geweihte Kerze an und bete - fokussiere deinen Geist auf Gott und die Hoffnung. Am vierten Tag soll die Sonne wieder aufgehen, dann aber im Westen.

Diese dreitägige Finsternis soll die gesamte Nordhalbkugel umfassen, in Europa soll sie am gefährlichsten sein. Für Thailand ist sie auch vorhergesagt, aber weniger gefährlich.

In Deutschland sterben in diesen drei Tagen und Nächten mehr Menschen als im 1. und 2. Weltkrieg zusammen.

***

Um diese dreitägige Finsternis zu überleben, braucht man ein **Haus**, das man luftdicht verschließen kann.

Danach sind alle offenen Wasser giftig. Nur das Wasser aus der Leitung kann man noch trinken.

Nur Trockenes, wie Mehl, Reis, Nudeln und Essen in Dosen hält sich. Alles andere (auch in Gläsern) ist danach giftig. Wer ist isst, stirbt.

Aus einer Quelle gibt es den Hinweis, zum Schutz eine Schicht **Alufolie** um die Gläser zu wickeln. Das soll die Strahlung abhalten, die auf der Erde auftreffen soll, wenn das Magnetfeld der Erde während der dreitägigen Finsternis zusammenbricht. Sonnenstürme würden dann alle Elektronik zerstören. Auch hier sollen mehrere Lagen Alu-Folie helfen, um technische Geräte vor der Zerstörung zu schützen...

Was ist nach dem Krieg?

Eine **Hungersnot** wird nach dem Krieg anbrechen. Deshalb: **Lebensmittelvorräte für mindestens ein Jahr anlegen.**

Irgendwann kommt wieder Essen über Schiffe auf der Donau herein. Dann werden alle satt.

***

Wir werden wieder da beginnen müssen wie vor 150 Jahren - vorerst **ohne Strom, ohne Elektrik und ohne Elektronik**.

***

Die **Monarchie** würde wieder erblühen.

***

Es soll dann eine gute Zeit beginnen - gänzlich anders als die vorher. Es kommt *„ein tausendjähriges Friedensreich"*.

Ich kann mir das einfach nicht vorstellen...

Wenn uns jemand 2017 gesagt hätte, dass Corona alles auf den Kopf stellen wird, dass Schulen und Geschäfte, Restaurants und alle kulturellen Einrichtungen geschlossen bleiben müssen, dass wir Masken tragen und Abstand halten, dass wir einen Ausnahmezustand auf der ganzen Welt haben würden..., wer hätte das geglaubt? Vermutlich niemand!
Wenn wir uns etwas nicht vorstellen können, heißt es nicht, dass es nicht doch passieren kann.

Russland/Ukraine:
Hätten wir geglaubt, dass in der Ukraine Krieg herrscht? Hätten wir geglaubt, dass Frauen und Kinder fliehen und Männer zurückbleiben müssen, um zu kämpfen? Alle sind entsetzt, dass es Krieg gibt - so nah...

Aber dieser Krieg zwischen Russland und Ukraine soll laut der Prophezeiung erst der Anfang sein. **Sich vorbereiten** und diese Angelegenheit ernst nehmen dürfte das Mindeste sein, was man sich selbst und seinen Lieben schuldig ist.

<u>Es gibt noch eine Prophezeiung...</u>

"Glutjahr, Flutjahr, Blutjahr."

2020 war ein sehr heißes und trockenes Jahr.

2021 kamen die Fluten...

2022 - in der Ukraine fließt das Blut schon. Und was wird bei uns geschehen?

Meine Kartenlegerin sieht für das Jahr 2022 **"unglaublich viele Tote in Deutschland und in ganz Europa!"**.

Schlusswort

„Weil ich mir einen Krieg nicht vorstellen kann, wird er nicht kommen.".

Jeder weiß intuitiv, dass das nicht stimmt. Wer der Prophezeiung Glauben schenken möchte, sollte sich vorbereiten. Wer sich nicht vorbereitet, muss gegebenenfalls die Konsequenzen tragen.

Nehmt dieses Büchlein mit Euch, steckt es in Euren Fluchtrucksack und nehmt es bis zum Hochsommer 2022 immer wieder zur Hand.

Mitte Juli bis Mitte August besteht die große Gefahr eines 3. Weltkriegs in Westeuropa, aber leider nicht nur hier. Auch andere Länder sollen betroffen sein.

Lest gerne meine anderen Büchlein, besonders **"Weltkrieg in 2022!"**. Dort gibt es noch verschiedene, wichtige Tipps...

Ich wünsche uns allen nur das Beste und Gottes reichen Segen, Frieden auf Erden und ein großes Herz für alle Menschen, denn... wer herzlich handelt, beginnt niemals einen Krieg.

Tayala Léha

Buchempfehlungen

Lesen Sie bitte die umfassenden Werke des Prophezeiungsforschers Stephan Berndt!

Die deutschsprachigen Bücher erhalten Sie im deutschen Buchhandel.

- „Countdown Weltkrieg 3.0 – Das Erscheinen der letzten Vorzeichen. Die Prophezeiungen und Visionen der Hellseher erfüllen sich.
  ISBN 978-3-86445-407-3
- „3 Tage im Spätherbst. Wie Hellseher weltweit seit Jahrhunderten eine 3-tägige Finsternis für unsere Zeit vorhersehen."
  ISBN 978-3-86445-714-2
- „REFUGIUM. Sichere Gebiete nach Alois Irlmaier und anderen Sehern."
  ISBN 978-3-946433-30-9

...von Tayala Léha gibt es auch:

Näher rückt, was nicht möglich scheint,
doch die Dunkelheit bahnt sich ihren Weg...

Mögen wir zu Maria bitten,
dass sie uns erlöst und uns beschützt,
dass die Menschen auf Erden wieder Menschen werden
und herzlich handeln.

Bitten wir VON HERZEN für FRIEDEN!